Illustriert von Franz Hoffmann

Der Wald hat Ohren
das Feld Augen

J&V

Quellennachweis:

Käthe Recheis: Amik der Biber, Vera Ferra-Mikura: Die Amseln,
Ernst A. Ekker: Ein Igel vorm Haus, Vera Ferra-Mikura: Zehn Leute wünschen sich einen Affen,
Ernst A. Ekker: Alles Gute zum Geburtstag,
Vera Ferra-Mikura: In den Straßen der Großstadt, Vera Ferra-Mikura: Die Fledermaus
aus: Amik der Biber, Copyright 1979 by Jugend und Volk Verlagsgesellschaft m.b.H.

Vera Ferra-Mikura: Wir müssen einem Vogel helfen, Vera Ferra-Mikura: Die treue Isabella,
Mira Lobe: Der Zitronenfalter, Vera Ferra-Mikura: Der Frosch
aus: Der kleine Schäferhund im Wald,
Copyright 1978 by Jugend und Volk Verlagsgesellschaft m.b.H.

Ernst A. Ekker: Ebbe, Vera Ferra-Mikura: Vierzehn grasgrüne Frösche,
Käthe Recheis: Wah-ki, der Waschbär, Vera Ferra-Mikura: Ein Gesundheitspolizist,
Käthe Recheis: Der verirrte Löwe, Rudolf Pritz: Fräulein Pankratius,
Vera Ferra-Mikura: Keine Tiergeschichte
aus: Wah-ki, der Waschbär, Copyright 1977 by Jugend und Volk Verlagsgesellschaft m.b.H.

2. Auflage 1988
ISBN 3-224-11221-2 Jugend und Volk Wien

Satz: »werbegrafik« Wien
Druck: Theiss, Wolfsberg

INHALTSVERZEICHNIS

Amik, der Biber

Als Amik zwei Jahre alt geworden war, verließ er seine Eltern. Es war Frühling. Amik schwamm den Bach hinunter, der aus dem Bibersee rann.

Wie jeder Biber konnte Amik sehr gut schwimmen. Die Vorderpfoten an den Körper gelegt, ruderte er mit den Hinterpfoten und steuerte mit dem breiten Schuppenschwanz. Ein paar Tage lang wanderte er, immer weiter fort von der Burg seiner Eltern.

Eines Abends fand er am Ufer ein junges Biberweibchen. Auch sie war von ihren Eltern fortgezogen.

Amik und Mawi blieben zusammen. Sie vergnügten sich im Wasser, sie spielten miteinander. Dann beschlossen sie, einen Damm zu bauen und den Bach zu einem kleinen See zu stauen. Ein richtiger kleiner See, wie ihn jeder Biber für seine Burg braucht.

Amik schwamm entschlossen ans Ufer. Zuerst drückte er sich das Wasser aus dem Pelz und kämmte ihn. Nachher begann er einen Baum zu fällen. Er stützte sich auf den Schuppenschwanz, faßte den Stamm mit den Vorderpfoten und biß mit seinen scharfen Schneidezähnen ins Holz. Eine Axt hätte nicht schneller Kerben in den Stamm schlagen können!

Mawi war ihrem Gefährten gefolgt und sägte den Stamm von der anderen Seite an. Die beiden nagten ihn rundherum kegelförmig ab. Schließlich stand nur mehr ein kleiner Zapfen in der Mitte des Stammes.

Im Baum knackte es gefährlich. Amik und Mawi liefen rasch zur Seite. Der Stamm schwankte, stürzte krachend um. Schon waren Mawi und Amik wieder da. Sie bissen die Äste ab und sägten den Stamm an zwei Stellen durch. Auf diese Weise erhielten sie drei dicke Prügel, von denen jeder ein bis zwei Meter lang war.

Amik packte einen der Prügel mit den Zähnen. Er schleifte ihn ans Ufer, dort, wo der Bach am breitesten war und die Strömung nicht so stark wie sonst.

Nachdem Amik den Prügel im Wasser hatte, tauchte er mit ihm unter und rammte ihn in den Grund. Das dünnere Prügelende stand gegen die Strömung gerichtet.

Einen solchen Pfosten nach dem anderen rammten Amik und Mawi in den Bachgrund. Sie arbeiteten Tage, sie arbeiteten Wochen. Sie gönnten sich kaum Zeit zum Fressen und schliefen nur in den heißen Tagesstunden. Unermüdlich werkten sie.

An den Pfosten befestigten sie waagrecht Äste, Zweige und Baumstämmchen. Mit den Vorderpfoten holten sie Schlamm, Sand und Kiesel vom Bachgrund und stopften damit die Löcher im Bau. Sie rissen Grasbüschel aus und befestigten sie sorgfältig mit ihren kleinen Pfoten im Ast- und Zweiggewirr des Dammes.

Oberhalb des Wasserspiegels trocknete die Sonne diesen Kleister aus Erde und Schlamm. Unter Wasser aber mußten Amik und Mawi die Zweige mit Steinen beschweren und die Zwischenräume mit Blättern abdichten.

Es war eine lange und mühselige Arbeit. Nun war der Damm endlich eine starke, wasserfeste Mauer geworden.

Nur ein kleines Stück am anderen Ufer war noch nicht gebaut. Dort war die Bachrinne am tiefsten, die Strömung wild und reißend. Es war unmöglich, einen Pfosten ins Bachbett zu rammen. Niemand hatte Amik gezeigt, wie er das machen mußte. Aber unzählige Biber vor ihm, seine Eltern, seine Großeltern, alle seine Vorfahren, hatten Dämme gebaut.

Amik brauchte keinen Lehrer. Er wußte, was er zu tun hatte. Er und Mawi fällten eine kräftige Buche und nagten den Stamm mitten durch. Dann steuerte Amik mit einem Prügel auf das Loch im Damm zu.

Er wollte den halben Buchenstamm so anbringen, daß er sich quer in der Bachrinne, zwischen Damm und Ufer, einklemmte. Die Strömung war jedoch zu stark. Sie riß den Stamm mit sich fort.

Sogleich schleppte Amik das zweite Stammstück herbei. Auch diesmal hatte er kein Glück, auch diesmal wurde der Prügel vom Wasser mitgerissen.

Zehnmal mühten und plagten sich Amik und Mawi vergeblich. Der elfte Prügel endlich legte sich quer und saß fest. Das Wasser brach sich schäumend daran.

Die nächsten Pfosten anzubringen war jetzt nicht mehr so schwierig. Der Bach staute sich, er bildete ein ruhiges, breites Becken. Ein paar Vertiefungen oben im Damm sorgten dafür, daß der Wasserspiegel immer auf gleicher Höhe blieb.

Amik und Mawi hatten die ganze Nacht gearbeitet. Im Morgengrauen waren sie müde und erschöpft. Sie krochen unter den kleinen Reisighaufen auf einer winzigen Insel, ihrem Lagerplatz, und schliefen sich erst einmal tüchtig aus.

Ein paar Tage lang würden sie sich erholen, fressen und spielen. Dann aber würde schon wieder Arbeit auf sie warten. Sie mußten die Burg im See bauen, eine Biberburg aus Stämmen, Zweigen, Lehm und Blättern. In der Burg würde eine warme Höhle sein, mit Holzspänen gemütlich ausgepolstert. Eine Biberburg, die keine Türen und keine Fenster hatte. Wer hineinwollte, mußte ins Wasser tauchen.

Unter Wasser würde ein Gang in Amiks und Mawis Burg führen. Im nächsten Frühling würde Mawi kleine Biber auf die Welt bringen, zwei oder drei Pelzbällchen mit kleinen Schuppenschwänzchen. Zuerst würden sie die gute fette Milch ihrer Mutter trinken, später würden sie dünne Rinde, zarte Blätter und Blattknospen fressen. Mawi und Amik würden Futter für die Kinder herbeischaffen, den Damm ausbessern und noch fester bauen.

Amik und Mawi würden viel zu tun haben. Aber davon wußten sie nichts. Sie träumten auch nicht davon. Sie schliefen unter ihrem Reisighaufen, satt und müde und zufrieden.

In der Nacht ist viel Schnee gefallen. Frau Haslinger zieht den Wintermantel über das Nachthemd und schlüpft bloßfüßig in die Gummistiefel. Dann schaufelt sie einen Weg von der Haustür bis zu den Apfelbäumen und streut Semmelwürfel, Haferflocken und fein gehacktes Rindsfett unter das Strohdach des Futterhäuschens.

Kinder, die am Gartenzaun vorbeistapfen, lachen über die alte Frau, weil ihr Nachthemd unter dem Mantel hervorhängt und weil die Haare wie Borsten von ihrem Kopf wegstehen.

Frau Haslinger kümmert sich nicht darum. Zufrieden geht sie in ihr Haus zurück. Nun kann sie sich gemütlich waschen und zum Frühstück setzen. Der Tisch für die hungrigen Vögel muß immer zuerst gedeckt sein. Den ganzen Winter hindurch. In den Garten der Frau Haslinger kommen viele Vögel. Spatzen, Finken, Meisen und Gimpel.

Frau Haslinger hat alle Vögel gern. Am meisten aber liebt sie die Amseln. Ihr Gesang ist für sie die schönste Musik. Und Frau Haslinger freut sich jedes Jahr auf den Frühling und auf den Gesang der Amselhähne...

Es ist Sommer. Frau Haslinger sperrt ihre beiden Katzen im Haus ein, denn die jungen Amseln sind flügge geworden und gehen mit ihren Eltern auf der Wiese spazieren. Sie müssen jetzt lernen, Insekten und Würmer im Gras zu finden und ihre noch kleinen Flügel zu gebrauchen.

Frau Haslinger beobachtet sie ganz still durchs Fenster und ist glücklich, als die Jungvögel schon bis in die Baumkronen und in die Gärten der Nachbarn fliegen können. Die sind über den Berg, denkt sie beruhigt und läßt die Katzen wieder aus dem Haus.

Herr Ladenstemmer wohnt wenige Häuser von Frau Haslinger entfernt. Er hat einen Blumengarten, den alle Leute bewundern. Herr Ladenstemmer ist stolz auf seine Rosen und Lilien, aber wichtiger als alle Blumen sind ihm die drei großen Erdbeerbeete auf der Südseite.

Nun sind die ersten Erdbeeren reif und leuchten rot aus den Blättern hervor. „Du wirst sehen, jetzt muß ich mich jeden Tag ärgern", sagt Herr Ladenstemmer zu seiner Frau.

„Häng doch ein paar Glocken hinaus, die im Wind bimmeln", antwortet sie. „Oder stelle eine Vogelscheuche zwischen die Beete."

„Ich werd' mir doch den Garten nicht verschandeln", sagt Herr Ladenstemmer.

Er legt sich im Dachfenster mit der Schrotflinte auf die Lauer. Als die Amseln mit ihren Kindern auf den Erdbeerbeeten landen, drückt er ab.

„Das merken sie sich hoffentlich", sagt er zu seiner Frau. „Zwei sind tot, und einer hab ich einen Flügel abgeschossen. Du hättest sehen müssen, wie die anderen davongesaust sind."

Frau Ladenstemmer geht stumm in den Garten hinaus und deckt die toten Vögel, die auf dem Misthaufen liegen, mit Blättern zu. Dann sucht sie die Amsel, die nicht mehr fliegen kann, und trägt sie zu Frau Haslinger.

„Das arme Tier hab' ich auf der Straße gefunden", sagt

sie. ,,Vielleicht können Sie ihm helfen. Ich verstehe leider gar nichts davon.“

,,Die hat jemand angeschossen“, sagt Frau Haslinger. ,,Können Sie sich vorstellen, wer das getan hat?“

,,Nein“, sagt Frau Ladenstemmer. Dann sagt sie noch: ,,Ich danke Ihnen!“ und geht langsam nach Hause.

Ein Igel vorm Haus

Paul schaut aus dem Fenster. Er wartet schon ungeduldig auf seine jüngere Schwester Gerli, damit er endlich mittagessen kann. Er ist sehr hungrig.

Die Gerli läßt sich Zeit. Dafür kommt ein Igel über die Straße getrippelt. Paul vergißt seinen Hunger. Aufgeregt läuft er in sein Zimmer und holt den Fotoapparat. Paul ist ein begeisterter Fotograf. „Hoffentlich verkriecht sich der Igel derweil nicht im Gebüsch“, denkt er.

Der Igel schlüpft nicht ins Gebüsch. Er verschwindet in einem Jausensackerl aus Plastik, das auf dem Gehsteig liegt. Das muß ein Schulkind verloren haben. Das Plastiksackerl bewegt sich. Paul lacht.

Klick! Er macht eine Aufnahme. Klick! Und noch eine. Er fotografiert, wie der Igel aus dem Sackerl herauskommt, es rundherum beschnuppert und nochmals hineinschlüpft.

Plötzlich verheddert sich der Igel in der Plastikhülle. Er kann nicht mehr heraus. Und auf einmal beginnt das Jausensackerl ganz wild zu hopsen und sich im Kreis zu drehen.

Paul fotografiert und fotografiert.

Da kommt Gerli gelaufen, und Paul ruft ihr lachend zu:

„Das wird eine große Reportage! Schau, was der Igel treibt!“

,,Lach nicht so blöd'', ruft Gerli empört, ,,der Arme erstickt ja noch!'' Besorgt eilt sie auf den Igel zu und reißt mit viel Mühe das Sackerl auf. Dann hockt sie sich zu ihm und lutscht an ihren Fingern.

,,Ein Igel sticht eben'', ruft Paul aus dem Fenster. ,,Und jetzt komm endlich, sonst muß ich verhungern!''

Gerli schüttelt den Kopf. Sie will den Igel, der sich zu einer Kugel zusammengerollt hat, nicht einfach hier liegenlassen.

,,Worauf wartest du?'' spottet Paul. ,,Daß er dir vor Dankbarkeit um den Hals fällt?''

Darauf gibt Gerli keine Antwort. Sie steht auf und schiebt den Igel vorsichtig mit dem Fuß weiter und weiter, bis er bei den Büschen in eine Erdmulde kollert. ,,Wiedersehen, Igel'', sagt sie und spaziert, immer noch an den Fingern lutschend, ins Haus.

Als Gerli und Paul nach dem Mittagessen hinauskommen, finden sie den Igel nicht mehr.

Gerli ist ein bißchen traurig. ,,Ich hätt' so gern sein Gesicht gesehen'', sagt sie. ,,Die Igel haben so lustige spitze Schnauzerln.''

,,Kränk dich nicht'', meint Paul. ,,Du kannst ja ein Foto haben!''

Wir müssen einem Vogel helfen

Der alte Bauer sieht Willi und Veronika in den Schuppen schleichen. Ihm ist es nicht recht, wenn die Kinder der Sommergäste im Schuppen spielen, weil dort die große Motorsäge steht. Ein Unglück ist schnell passiert, denkt er und humpelt in seinen schweren Holzschlapfen über den Hof.

„Was treibt ihr da?“ ruft er in den dunklen Schuppen hinein. „Greift nur ja kein Werkzeug an!“

„Wir wollten uns die Leiter ausborgen“, antwortet Veronika.

„Wir müssen einem Vogel helfen“, erklärt Willi.

„Einem Vogel helfen?“ fragt der alte Bauer verwundert. „Welchen Vogel meint ihr?“

„Dem die Bachstelzen keine Ruhe lassen“, sagt Veronika. „Wir haben das gestern schon gesehen. Die Bachstelzen sind dauernd hinter ihm her, und der arme, dicke Vogel sitzt jetzt auf der Fichte oben und zittert vor Angst.“

„Nein, so etwas“, murmelt der alte Bauer. „Aber wie wollt ihr ihm helfen?“

„Einfangen und auf die Waldlichtung tragen“, sagt Willi, „damit ihn die Bachstelzen nicht mehr finden.“

„Langsam, langsam.“ Der alte Bauer wackelt mit dem

Kopf. ,,Den Vogel müßt ihr mir zuerst einmal zeigen!" Veronika und Willi machen enttäuschte Gesichter.

,,Und die Leiter?" fragt Veronika.

,,Die werden wir nicht brauchen", antwortet der Alte. ,,Na, kommt, ihr beiden!"

Sie gehen den Wiesenweg zum Bach hinunter. Vor den Fichten am Ufer bleibt Willi stehen und flüstert: ,,Da oben ist er."

Der Bauer beschattet die Augen mit der Hand, blinzelt listig und sagt: ,,Aha!" Danach hockt er sich ins Gras und deutet den Kindern, sich neben ihn zu setzen.

Eine Weile geschieht gar nichts. Doch plötzlich kommen die Bachstelzen angesaust. Sie umschwirren aufgeregt die Fichte, bleiben für Augenblicke in der Luft stehen und stürzen sich dann auf den dicken Vogel. Gleich darauf verschwinden die beiden Bachstelzen wieder.

,,Jetzt holen wir aber die Leiter", sagt Willi empört.

,,So, so", sagt der Bauer, ,,du willst also den braven Bachstelzen ihr Kind wegnehmen?"

,,Ihr Kind?" schreit Veronika. ,,Ein Vogel, der viermal so groß ist wie die Bachstelzen? Ein solches Riesenkind können sie nicht haben!"

,,Ein Kuckuck ist eben nicht kleiner!"

,,Ein Kuckuck!" rufen Willi und Veronika. ,,Ein echter Kuckuck!"

Der Bauer nickt. ,,Da hat ein Kuckucksweibchen ihr Ei in das Nest der Bachstelzen gelegt. Die Bachstelzen haben den kleinen Kuckuck ausgebrütet, und obwohl er ganz anders aussieht als sie selbst, halten sie ihn für ihr richtiges Kind." Der alte Bauer lacht verschmitzt: ,,Was meint ihr, wie sich die zwei für ihn abrackern, damit er satt wird. Alle Fliegen und Mücken und Raupen, die sie finden, müssen sie ihm bringen."

,,Und warum zittert er immer so?“ fragt Veronika.

,,Damit zeigt er seinen Eltern, wie hungrig er ist“, antwortet der Bauer. Und nach einer Pause fügt er hinzu: ,,Wenn ihr wieder einmal einem armen, dicken Vogel helfen wollt —“

,,— dann fragen wir Sie vorher“, unterbricht ihn Willi eifrig.

Und Veronika sagt ihm ein bißchen verlegen: ,,Weil der arme, dicke Vogel vielleicht ein gefräßiger Bachstelzenkuckuck ist!“

Zehn Leute wünschen sich einen Affen

Die zehn Leute wohnen weit voneinander, jeder in einer anderen Stadt. Sie gehen in zehn verschiedene Zoo-Geschäfte, um einen Affen zu kaufen. Affen sind gerade sehr modern. Darum sind in allen zehn Ländern die Affen ausverkauft.

„Schauen Sie gelegentlich wieder vorbei", sagen die Händler. „Es kann sein, daß ich bald eine neue Lieferung bekomme."

Die zehn Händler telefonieren mit den Tiergroßhändlern.

Die Tiergroßhändler schicken Telegramme an ihre Lieferanten in einem anderen Erdteil.

Die Lieferanten verständigen die Tierfänger.

Die Tierfänger durchstreifen den Urwald.

Die Affenmütter flüchten schreiend auf die Bäume. Jede hat nur ein Kind. Sie will ihr Kind vor Gefahr schützen und drückt es fest an sich. Niemals würde sie sich freiwillig von dem Kleinen trennen.

Die Tierfänger können keine alten Affen brauchen. Die Leute wollen nur junge Affen haben. Nur junge Affen sind lieb und zahm. Die Tierfänger töten die Affenmütter und sammeln die Kinder wie Kokosnüsse ein.

Die jungen Affen werden auf Lastautos verladen, sie reisen in Flugzeugen, auf Schiffen und mit der Eisenbahn. Manche sterben unterwegs, aber es kommen immer noch genug Affen ans Ziel.

Zehn Leute, die sich einen Affen gewünscht haben, sind zufrieden.

„Ich habe jetzt einen Affen", sagen sie stolz.

„Was wünscht du dir zum Geburtstag, Stefan?" fragt Tante Ella.

„Ein Kalb", sagt Stefan.

Er hat noch kein lebendiges Kalb gesehen. Aber er kennt Kälber von einer Fernsehserie her. Da springen sie fröhlich auf grünen Weiden umher und schauen lieb drein.

Tante Ella weiß nicht gleich, was sie antworten soll. Endlich sagt sie: „Ein Kalb braucht viel Platz, Stefan. Hast du eine Wiese?"

Stefan schüttelt stumm den Kopf.

„Na eben", sagt Tante Ella. „Und in eurer kleinen Wohnung kann es nicht genug Bewegung machen."

Stefan ist enttäuscht. Er denkt an die lustigen Fernsehkälber. Und er sieht sich selbst als Cowboy, der die Kälber von einem Hinterhof zum anderen treibt und sie beschützt.

„Weißt du was“, schlägt Tante Ella vor, „wir fahren an deinem Geburtstag zu einem Bauern, bei dem ich als Kind auf Sommerfrische war. Der hat ein paar Kälber gehabt. Wenn das Wetter schön ist, kannst du auf der Wiese mit den Kälbern spielen. Einverstanden?“

Am Geburtstag fährt Tante Ella mit Stefan zu dem Bauern, bei dem sie als Kind die Ferien verbracht hat.

„Kälber suchst? Bei uns?“ Der Bauer ist erstaunt. „Rindvieh haben wir schon lang keines mehr. Die Zeiten haben sich geändert. Vor ein paar Jahren hab' ich meine Wirtschaft auf den Zuckerrüben-Anbau umgestellt. Auf jedem Handbreit Boden wachsen jetzt Rüben, Rüben und wieder Rüben.“

„Ach so“, sagt Tante Ella. „Wenn ich das gewußt hätte – “

Stefan steht da und sagt kein Wort. Er würde am liebsten losheulen. Nicht einmal an meinem Geburtstag darf ich ein Cowboy sein, denkt er.

„Aber ihr könnt ja beim Gatterer drüben hineinschauen“, meint der Bauer, „der hat einen Musterbetrieb aufgebaut und züchtet die Kälber wie ich die Rüben.“

Die treue Isabella

Im Sommer verläßt Isabella jeden Abend ihr Versteck beim Tümpel und setzt sich vor unsere Haustür.

Wir haben sie gern. Wir freuen uns, wenn wir sie sehen. Isabella ist unsere treue Hauskröte. Und wir finden sie überhaupt nicht häßlich. Den Leuten zum Trotz, denen sie nicht gefällt, haben wir ihr den schönen Namen Isabella gegeben.

Abends, wenn ein Auto vor unserem einsamen Haus stehenbleibt, bitten wir die Besucher, vorsichtig um Isabella herumzugehen. Die Kröte ist nämlich nicht scheu. Es kommt vor, daß sie näher an die Mauer rückt, aber meistens bleibt sie gemütlich auf ihrem Platz hocken. Im ersten Moment könnte man sie für einen graugrünen Stein halten, so still sitzt sie da. Doch bückt man sich ein wenig zu ihr hinunter, sieht man ihre Augen glänzen.

Isabella kommt Tag für Tag, sobald es dunkel geworden ist, vom Tümpel herüber. Unsere treue Isabella ist wieder da, sagen wir. Und wir bilden uns etwas darauf ein, daß es die Kröte zu uns herzieht.

Dabei wissen wir längst, warum sie kommt. Über der Haustür brennt abends die Wandlaterne. Ihr Licht lockt ganze Schwärme von Insekten an. Die Mücken, Motten und Nachtfalter tanzen um die Lampe, bis sie ermattet sind und

in die Tiefe taumeln. Und dort, genau unter der Wandlaterne, wartet Isabella auf sie. Schnapp, geht ihr breiter Mund auf, und die Insekten verschwinden darin.

Isabella ist schlau, doch wir sagen nach wie vor, daß sie treu ist. Das gefällt uns besser.

Die Geschichte ereignete sich im Sommer in der Nähe eines englischen Nordseebades.

Lenna war die erste, die ihn sah. Sie wollte bloß Muscheln suchen. Und nun fand sie *ihn.* Ausgestreckt lag er am Strand. Er war eben sieben Meter lang, eine mächtige Düne aus Fleisch.

„Er war ganz riesig und dabei so hilflos“, sagt Lenna noch heute.

Sie selbst war damals, als sie ihn erblickte, ein paar Sekunden starr vor Schreck. Dann lief sie laut schreiend davon, um ihre Freunde zu holen.

Bob und Jonny wollten ihr zuerst nicht glauben.

„Du spinnst ja“, meinten sie.

Aber dann marschierten sie doch mit den anderen zu der Stelle, wo er lag.

„So ein Koloß!“ staunte Jackie.

„Ein Ungetüm!“ flüsterte Terry.

Bob und Jonny gingen schweigend um ihn herum. Beide waren ein bißchen verlegen.

„Ich glaub', es ist ein Wal“, sagte Mary.

„Wahrscheinlich hat ihn die Ebbe überrascht, und jetzt liegt er auf dem Trockenen.“

,,Wird er sterben?" fragte eines der Kinder leise.

,,Alle Fische sterben doch, wenn sie nicht im Wasser sind", sagte Lenna.

Terry lachte. ,,Der Wal ist kein Fisch, sondern ein Säugetier."

Lenna atmete erleichtert auf. ,,Dann wird es ihm ja nichts ausmachen, wenn er an Land ist, nicht?"

Darauf wußte niemand eine Antwort. Die Kinder standen da und betrachteten das große Tier, das auf dem Sand ganz lahme Bewegungen machte.

Lenna blickte ihm in die Augen. ,,Schaut doch, er ist richtig verzweifelt!"

,,Er weint", murmelte Bob traurig.

,,Wir müßten ihn ins Wasser zurücktragen", sagte Jonny.

,,Tragen? Der ist ja so schwer wie ein Haus", warf Mary ein. ,,Aber vielleicht genügt es, wenn wir anschieben!"

,,Wartet, ich hol' meinen Bruder, der kennt sich mit Tieren aus", rief Terry. Und sie lief hinüber zu dem Teil des Strandes, wo sich viele Leute im Sand aalten. Auch ihr Bruder Gary lag dort und döste vor sich hin.

,,Gary, wir haben einen Wal!" schrie Terry schon von weitem. ,,Einen lebenden Wal!"

Gary sprang sofort wie elektrisiert auf. Als er an der Unfallstelle eintraf, konnte er gleich beweisen, daß er schon eine Menge über Wale gelesen hatte. ,,Ein Entenwal!" sagte er ohne Zögern. ,,Seine Schnauze sieht wie ein Entenschnabel aus, deshalb nennt man ihn so!"

Und Gary begann einen langen Vortrag zu halten:

,,Ihr müßt wissen — Wale sind vor Millionen von Jahren Landtiere gewesen. Im Lauf der Zeit haben sie sich zu Wasser-Säugetieren entwickelt, die an Land nicht mehr existieren können. Im Wasser sind sie fast schwerelos, aber wenn so ein Brocken mit seinem ganzen Gewicht auf dem

Trockenen liegt, kann er leicht einen Herzschaden kriegen. Und zweitens sind Wale an Land wie Automotoren ohne Kühlwasser! Als Warmblütler müssen sie hier an Überhitzung sterben, wenn man sie nicht dauernd mit Wasser übergießt ...“

Gary sprach weiter und weiter. Er bemerkte gar nicht, daß er nur noch zu dem Wal redete.

Lenna, Jackie, Terry, Mary, Bob und Jonny waren nämlich weggelaufen. Mitten in Garys Vortrag. Und Gary ging noch immer um das Tier herum und kramte seine Bücherweisheiten aus.

Auf einmal klatschte Wasser gegen den Wal! Lenna und ihre Freunde hatten sich von den kleinen Kindern am Strand Kübel ausgeborgt. Sie bildeten eine Kette bis ans Meer hinunter und reichten die vollen Kübel rasch weiter.

Bob stand vor dem Wal und übergoß ihn immer wieder mit Meerwasser. Irgendwie war er enttäuscht. Er hatte geglaubt, es würde richtig zischen und dampfen wie auf einer heißen Herdplatte.

„Jetzt muß er nicht sterben!“ rief Terry ihrem Bruder zu.

„Aber die nächste Flut kommt erst in sechs Stunden“, rief Gary zurück.

Jonny schnitt eine Grimasse und sagte leichthin: „Macht nichts, dann gießen wir ihn halt sechs Stunden lang!“

Inzwischen hatte sich die Kunde von dem gestrandeten Wal wie ein Lauffeuer verbreitet. Scharen von Kindern trafen auf der Unglücksstelle ein und wollten das Tier besichtigen.

„Steht nicht so blöd herum“, brüllte Lenna. „Helft lieber mit!“

Auf einmal bildete sich eine zweite Eimerkette, bald darauf eine dritte und vierte. Pausenlos wurde nun der Entenwal mit Meerwasser übergossen. Ein paar Erwachsene tauchten auf. Einige halfen den Kindern bei der Arbeit, die anderen stritten hin und her, ob das alles überhaupt einen Sinn habe und ob der Meeresriese überhaupt noch lebendig sei.

Es dauerte eine Ewigkeit, bis die Flut kam. Sie kam — aber die Wellen erreichten diesmal nicht ganz die Stelle, wo der geschwächte Entenwal lag.

Da schlug Gary vor, eine tiefe Rinne zum Meer zu schaufeln. Obwohl sie sich kaum mehr auf den Beinen halten konnten, begannen nun Kinder und Erwachsene wie verrückt zu buddeln. Als die Rinne fertig war, wurde der schwere Koloß unter lauten „Ho-ruck"-Rufen ins Wasser geschoben und gezogen.

Der Wal lag im Wasser, und am Strand wurde es plötzlich ganz still. In banger Erwartung starrten die Menschen ins Meer. Und auf einmal schoß eine Wasserfontäne hoch.

„Der Wal schwimmt!" schrie Lenna.

„Er schwimmt! Er schwimmt!" jubelten alle.

Ein alter Fischer, der gerade zwischen den Felsklippen in seinem Kutter angetuckert kam und nicht wußte, was geschehen war, brummte: „Natürlich schwimmt er. Jeder Wal schwimmt!"

,,Du Tierquäler!“ sagte ich zu Hugo.

Hugo hielt ein großes Einsiedeglas in beiden Händen, und in dem Einsiedeglas hockten vierzehn Frösche, klein und grün wie Hustenbonbons. Sie bewegten sich nicht, nur ein schnelles Pulsieren ihrer Unterseite verriet, daß sie lebten.

,,Eigentlich sind sie ja langweilig“, sagte Hugo und stellte das Glas auf den Gehsteig. ,,Du kannst die Frösche haben!“

,,Dafür darfst du mit meinem Rad einmal um den Häuserblock fahren, Hugo.“

,,Danke für dein klappriges Rad“, antwortete er kühl und ließ mich mit den Fröschen allein.

,,Weißt du, was ich mit ihnen mache?“ rief ich ihm nach.

Doch Hugo wollte es gar nicht wissen. Er bog, ohne sich umzudrehen, in die nächste Seitengasse ein.

,,Ein echter Tierquäler bist du“, zeterte ich, ,,und überhaupt kann ich dich nicht leiden.“

Obwohl meine Mutter wenig freie Zeit hatte, war sie sofort bereit, mit mir in den Auwald zu gehen. Dort hatte Hugo die Frösche gefangen, und dort sollten sie bald wieder frei umherhüpfen. Alle vierzehn.

Ein Platz, der den Fröschen sicher gefallen würde, war schnell gefunden. Ich kauerte mich ins Gras und zog feierlich das Leinentüchlein von der Öffnung des Einsiedeglases. Die Frösche hatten es anfangs gar nicht eilig, in die Freiheit zu springen. Oder sie merkten nicht gleich, daß ihr Gefängnis aufgemacht worden war. Jedenfalls dauerte es eine Weile, bis die ersten ins Gras hopsten, und ich ärgerte mich ein bißchen darüber.

„Sind alle draußen?“ fragte meine Mutter.

„Bis auf einen“, antwortete ich. „Der letzte will nicht heraus.“

„Gib ihm einen kleinen Stups“, schlug meine Mutter vor. „Vielleicht schläft er.“

Ich stieß ihn ganz leicht mit dem Zeigefinger, aber er schien sich noch fester an die Glaswand zu pressen. Als ich ihn mit einem Grashalm kitzelte, streckte er kurz ein Bein aus und zog es wieder ein.

„Der ist komisch“, sagte ich. Und plötzlich schoß es mir durch den Kopf: wenn er nicht mag, soll er bleiben! Dann behalte ich ihn eben!

Meiner Mutter mußte ich versprechen, gut für ihn zu sorgen.

Das tat ich mit Begeisterung. Der Frosch bekam ein großes Gurkenglas als Wohnung, er bekam einen Moosteppich und einen winzigen Teich und jede Woche frische Zweige, er bekam Fliegen und Mehlwürmer. Meinem Frosch ging es gut.

Im Herbst zog er sich ins Laub zurück und war nur selten zu sehen. Jemand sagte, daß der Frosch einen Winterschlaf halten wolle. Das Gurkenglas übersiedelte von meinem Blumentisch auf ein Wandbrett, und von dort übersiedelte es auf den Kasten.

Manchmal stieg ich auf einen Sessel und goß ein wenig Wasser in die Froschwohnung. Schließlich dachte ich kaum mehr an den Frosch. Er würde ohnehin erst im Frühling wieder munter sein.

Eines Tages, ich saß über meinen Hausaufgaben, kam Tante Marie zu Besuch.

,,Was treibt dein Frosch?“ fragte sie und holte das Gurkenglas vom Kasten herunter.

,,Ach, er schläft dauernd“, erklärte ich. ,,Eigentlich ist er langweilig.“

,,Das ist er jetzt sicher“, sagte Tante Marie und stellte das Gurkenglas auf mein Heft. Der Frosch klebte ziemlich hoch oben und sah wie ein alter Radiergummi aus. Er war vertrocknet.

,,Tot!“ sagte Tante Marie. ,,Dafür bekommst du einen Vierer ins Zeugnis.“

Das ist sehr, sehr lange her, aber ich habe es nicht vergessen. Damals war ein Vierer die schlechteste Note, die man bekommen konnte. Ich hatte ihn verdient.

WAH-KI, DER WASCHBÄR

In den großen Wäldern Kanadas, dort, wo es keine Dörfer und Städte mehr gibt, kam Wah-ki auf die Welt.

In den ersten Wochen seines Lebens verließ er das Nest im hohlen Ahornbaum nicht. Bald aber wurde es ihm zu eng in der Höhle. Er fing an, mit seinen fünf Geschwistern im Geäst des Ahorns herumzuklettern, nur den dicken Stamm hinunter wagten sie sich nicht.

Erst als sie zwei Monate alt waren, wurden sie von Vater und Mutter Waschbär ans Bachufer geführt. Dort lernten die Jungen, wie man Frösche, Kaulquappen, Krebse und kleine Fische fängt.

Den ganzen Sommer über, im Herbst und im Winter blieb die Waschbärenfamilie beisammen. Im Frühling packte Wah-ki eine seltsame Unruhe. Seine Mutter hatte für ihn und seine Geschwister keine Zeit mehr, sie verjagte die Jungen, wenn sie in den hohlen Baum kriechen wollten.

Bald sollten wieder kleine Waschbären geboren werden, und die Mutter mußte das Nest für sie bereiten. Da strolchte Wah-ki im Wald umher und suchte sich einen eigenen Schlafplatz für die Nacht.

Eines Abends verließ er seine Familie. Er begann eine große Wanderschaft und folgte dem Bach nach Norden zu in unbekannte Gebiete. Wenn er Hunger hatte, watete er ins seichte Uferwasser und tastete mit den Vorderpfoten, die er so geschickt wie Hände gebrauchte, den sandigen und schlammigen Bachgrund ab.

Sobald er etwas Weiches, Zappelndes spürte, packte er fest zu. Bevor er seine Beute fraß, wusch er sie im Wasser, wie es alle Waschbären tun. Kein Waschbär liebt es, Sandkörner oder Schlamm in das Maul zu bekommen.

Wah-ki wanderte viele Tage. Die seltsame Unruhe trieb ihn weiter und weiter. Er wußte nicht, warum er wanderte, er folgte dem uralten Gesetz der Waschbären: Wenn du erwachsen bist, zieh aus, such dir eine Frau und gründe eine neue Familie.

In einer lauen Frühlingsnacht nahm Wah-kis empfindliche Nase einen Geruch auf, der ihm einen Schauer durch den Körper jagte. Sein Pelz sträubte sich. Wah-ki schnupperte und schnüffelte. Vor Aufregung stieß er den Kampfschrei der Waschbären aus, einen wunderlichen Laut, halb Brummen und halb Knurren.

Wah-ki war zufällig in das Jagdgebiet eines anderen Waschbären gekommen, das verriet ihm seine Nase. Jeder Waschbär hat nahe am Schwanz Duftdrüsen, mit denen er eine stark riechende Flüssigkeit verspritzen kann. Damit markiert er die Grenzen seines Gebiets, und jeder Eindringling weiß sofort, daß er hier nichts zu suchen hat.

Wah-ki wäre bestimmt weitergewandert, aber er hatte noch einen anderen Geruch aufgenommen, der ihn lockte und unwiderstehlich anzog.

Leise schlüpfte Wah-ki durchs Riedgras am versumpften Ufer des Baches. Als er etwas plätschern hörte, schnüffelte er wieder und trat dann mutig aus dem Riedgras heraus.

Im seichten Uferwasser hockte eine pelzige Gestalt, größer als ein Fuchs, mit buschigem Schweif und einem schwarzen

Fellstreifen quer über dem Gesicht, der wie eine Maske aussah. Es war eine junge Waschbärin.

Wah-ki stieß einen freundlichen Laut der Begrüßung aus, doch bevor er einen Schritt vorwärts tun konnte, schreckte ihn ein Knurren ganz aus der Nähe. Nur wenig entfernt trieb sich eine Waschbärensippe am Bach herum.

Sie hatten den Eindringling bemerkt, und der Besitzer des Reviers, ein großer alter Waschbär, nahm sofort Kampfstellung ein. Er streckte sich hoch und sträubte sein Fell, bis er fast doppelt so groß schien, und stelzte drohend heran. Dabei brummte und knurrte er, als wollte er sagen: Verschwinde, oder ich geb's dir!

Wäre das junge Weibchen nicht gewesen, Wah-ki hätte sich auf der Stelle getrollt. Er war kleiner, er war dem alten Waschbären an Stärke unterlegen, und noch dazu war der andere im Recht. Aber der Anblick der Waschbärin hatte Wah-ki alle Vernunft genommen.

Er streckte sich ebenfalls, sträubte das Fell, puffte sich auf wie eine Kugel. Dann gingen die beiden Kämpfer aufeinander los, ein wenig seitlich geneigt, damit sie dem Gegner nur den mit dichtem Fell geschützten Rücken und die Schultern darboten.

Wah-ki war so ungeduldig, daß er den alten Waschbären ansprang, ohne eine günstige Gelegenheit abzuwarten. Der alte Waschbär wich aus und griff selber blitzschnell an. Wah-ki wollte zur Seite springen, aber der andere hatte ihn schon gepackt und warf sich zu Boden. Wah-ki fiel auf ihn. Jetzt stand es schlecht um den Eindringling. Wenn ihn sein Gegner an der Kehle packte, war der Kampf entschieden.

Wah-ki rollte sich verzweifelt herum und konnte den Griff des alten Waschbären ein wenig lockern. Eine ganze Weile wälzten sich die beiden am Boden. Wieder spürte Wah-ki die scharfen Zähne an der Kehle, da rutschten die Kämpfer im feuchten, schlüpfrigen Bachufer aus und plumpsten kopfüber ins Wasser.

Nichts kühlt so sehr ab wie ein überraschendes Bad. Als Wah-ki und der alte Waschbär herauskrabbelten, hatten sie allen Kampfeseifer verloren. Der alte Waschbär trottete zu seiner Sippe zurück, und Wah-ki verschwand tropfnaß im Gebüsch.

Aber er lief nicht weit fort. An der Grenze des Jagdgebietes fing er ein paar Krebse, kletterte auf eine mächtige Linde und suchte sich ein Schlafplätzchen in einer Astgabelung.

Tagsüber lag er gemütlich auf einem Ast und sonnte sich, und als es dämmerte, kehrte er zur Waschbärensippe zurück.

Diesmal blieb er vom Fangplatz weit genug entfernt, um den alten Waschbären nicht zu reizen. Im Riedgras hockend, begann er sein langgezogenes Werbelied: Whill-ill-il-a-lu! Whill-ill-il-a-lu!

Der Mond ging auf, die Sterne glitzerten schwach. Irgendwo bellte ein Fuchs. Eine Eule schrie. Wah-ki sang und sang immer sehnsüchtiger. Er vergaß, daß es Zeit war, auf den nächtlichen Fang auszugehen, er vergaß, daß er Hunger hatte.

Plötzlich tauchte am Ufer eine pelzige Gestalt auf. Das junge Weibchen war Wah-kis Ruf gefolgt.

Mitten in der Nacht brachen sie gemeinsam auf, nach Norden zu. Nun würden sie so lange wandern, bis sie ein gutes Jagdgebiet gefunden hatten und einen hohlen Baum, in dem sie ein warmes Nest für ihre Kleinen bauen konnten.

,,Rundfahrt durch Österreich" stand auf dem blauen Autobus, der von der Allee abbog und auf dem großen Parkplatz von Hellbrunn anhielt.

Der Autobus war voll besetzt. Es dauerte eine Weile, bis sich alle Fahrgäste mit ihren Handtaschen, Strohhüten und Spazierstöcken herausgewurstelt hatten.

,,Zuerst, meine Herrschaften", rief der Reiseleiter, ,,wandern wir durch den wunderschönen Schloßpark. Anschließend besuchen wir den Hellbrunner Tiergarten, den man unbedingt erlebt haben muß."

,,Den Tiergarten werde ich nicht schaffen", sagte Frau Krischke zum Reiseleiter. ,,Es macht wohl nichts aus, wenn ich auf meinem Klappstühlchen in der Nähe des Eingangs warte, bis Sie mit der Besichtigung des Tiergartens fertig sind?"

,,Es macht nichts aus, aber Sie versäumen wirklich etwas", antwortete er.

,,Fahrt bloß nicht ohne mich weiter", bat Frau Krischke. Dann wackelte sie, das Klappstühlchen unter dem Arm, hinter der Reisegesellschaft durch den Park und hielt nach einem gemütlichen Platz Ausschau. Ich hätte mittags kein Bier trinken dürfen, dachte sie, bestimmt ist das Bier daran schuld, daß ich so müde bin!

Und während die anderen Reisenden die Hellbrunner Tiere bewunderten, schlief Frau Krischke tatsächlich auf ihrem Klappstühlchen ein. Sie saß halb im Schatten einer Platane, ein Stück abseits vom Weg, die Arme um ihre Handtasche gekreuzt. Lange Zeit störte niemand ihren Schlummer. Frau Krischke atmete ruhig und gleichmäßig. Sie träumte sogar etwas.

Sicher hätte sie bis zur Rückkehr der Reisegesellschaft weitergeschlafen, doch plötzlich hörte sie eine helle Kinderstimme rufen:

„Schau, Papa, schau!"

Und als sie erschrocken in die Höhe fuhr, sah sie drüben am Weg ein paar Leute stehen, die sie wie ein Wunder anstarrten.

Was haben die bloß, dachte Frau Krischke schlaftrunken.

Warum die Leute stehengeblieben waren, erfuhr sie im nächsten Augenblick, als sie sich verärgert samt ihrem Klappstühlchen umdrehte. Vor ihr stand ein Geier, ein lebendiger, großer Geier mit einem langen, weißen Hals.

Frau Krischke saß wie gelähmt vor Angst. Sie war noch nie einem Geier begegnet, nicht einmal einem ausgestopften. Sie kannte diese mächtigen Vögel nur aus einem Film. Voll Entsetzen erinnerte sie sich daran, wie die Geier ein Schaf bis auf die Knochen angeknabbert hatten.

„Hilfe!" schrie Frau Krischke. „Der Geier will mich hacken!"

Da kam ein Mann zu ihr her und sagte lachend:

„Keine Sorge, er wird Ihnen nichts tun, er ist nur ein Gesundheitspolizist!" Und der Mann verscheuchte den Geier mit einer kurzen Handbewegung.

Frau Krischke stand taumelnd auf.

„Das war kein Polizist, das war ein Geier", keuchte sie. „Mich können Sie nicht täuschen."

„Er wollte ja nur wissen, ob Sie tot sind", sagte der Mann. „Das ist alles."

„Das ist alles, aha", rief Frau Krischke. „Er wollte bloß wissen, ob ich tot bin. Dafür bedanke ich mich!"

Sie packte ihr Klappstühlchen und ging, laut vor sich hinschimpfend, zum Eingang des Zoos hinüber.

„Ein schöner Tiergarten sind Sie", sagte sie zu dem Fräulein an der Kassa. „Ihnen kommen die Geier aus wie anderen Leuten die Kanarienvögel! Dagegen müßte etwas unternommen werden!"

„Gnädige Frau", erwiderte das Fräulein höflich, „bei uns leben die Geier immer ganz frei, sie brauchen überhaupt keinen Käfig, und darauf sind wir hier sehr stolz!"

„Aber einer hätte fast ein Stück von mir abgebissen", sagte Frau Krischke entrüstet. „Man fährt doch nicht auf Urlaub, um so etwas zu erleben."

„Da kam der Reiseleiter mit den anderen ans Tor zurück.

„So, jetzt sind wir wieder vollzählig", sagte er zu Frau Krischke. „Die Fahrt kann weitergehen."

„Um ein Haar wäre mein Platz im Autobus leer geblieben", sagte Frau Krischke, „weil mich beinahe ein Geier gefressen hätte, ob Sie das nun glauben oder nicht."

„Zum Glück sind Sie noch sehr lebendig", antwortete der Reiseleiter schmunzelnd. „Da könnten Sie einmal in einem Tierlexikon nachlesen, was über Geier drinnen steht. Die Geier sind nämlich Gesundheitspolizisten."

„Das haben wir auch gerade in der Schule gelernt", sagte ein Mädchen im Vorbeigehen.

„Frau Kirschke schaute dem Kind verständnislos kopfschüttelnd nach.

„Gesundheitspolizist!" sagte sie. „Darauf kann ich verzichten, daß ein Geier meine Gesundheit kontrolliert! Wenn mir etwas fehlt, gehe ich zum Hausarzt!"

Und als sie im Autobus saß, zog sie ihr Notizbuch aus der Tasche und schrieb mit großen Buchstaben hinein:

„7. Juli. Von einem Geier bedroht. Das schlimmste Abenteuer meines Lebens.“

Geier sind Aasfresser. In ihrem natürlichen Lebensbereich sorgen sie dafür, daß das Fleisch verendeter Tiere beseitigt wird und keine Seuchen entstehen.

Das Erlebnis der Frau Krischke mit dem Weißkopfgeier ist zwar ein Ausnahmsfall, doch es entspricht dem Verhalten dieser Vögel, einen tot scheinenden Körper genau zu beobachten.

Ist dir schon aufgefallen, wie vielen Tieren
man in den Straßen der Stadt begegnet?

Da trifft man
Schweine und Rinder,
Schafe und Ziegen,
Füchse und Waschbären,
aber auch Krokodile,
Seehunde und Schlangen,
Leoparden und Ozelote,
Nerze und Biber
und ganze Scharen Kaninchen.

Doch trifft man sie nur
als Mäntel und Jacken,
als Pelzkragen und Handtaschen,
als Stiefel und Schuhe,
als Hüte und Mützen.

Stell dir vor, wenn die alle
plötzlich
lebendig würden!

DER VERIRRTE LÖWE

Eines Tages kam ein Löwe in das Weideland der Farmer, in eine Gegend, aus der die Siedler längst alle wilden Tiere vertrieben hatten. Niemand hätte sagen können, warum er von den endlosen Weiten im Süden Afrikas hierhergewandert war. Und der Löwe wußte nicht, wie gefährlich es war, ins Reich der Menschen einzudringen.

In dem Schutzgebiet, aus dem er kam, hatte er im Rudel gejagt und jede Wasserstelle gekannt, die von den Antilopenherden aufgesucht wurde. Hier, am Rand des besiedelten Landes, gab es wenig Beute für den Löwen.

Nach langem Umherstreifen gelang es ihm, ein Zebra zu schlagen. Davon fraß er sich zwei Tage satt.

In einer sternhellen Nacht kam er zu der ersten Farm. Büsche standen auf dem Weideland, das dürre Gras raschelte im Wind. Auf einmal trug die Luft dem Löwen die starke Witterung von vielen Tieren zu.

Der Wind war günstig, strich zu ihm her. Der Löwe glitt lautlos vorwärts. Immer wieder hielt er an. Dann sah er eine ganze Herde wolliger Tiere, dicht gedrängt in einem Pferch.

Nun bot ihm kein Busch mehr Deckung. Der Löwe sank in sich zusammen, schlich nach Katzenart flach am Boden hin. Eines der wolligen Tiere blökte und schaute in seine Richtung. Der Löwe erstarrte, selbst seine erhobene Pranke blieb in der Luft stehen. Erst als das Schaf den Kopf senkte, schlich er weiter. Jetzt war er ganz nahe.

Mit einem mächtigen Sprung setzte er über den Zaun, landete auf einem fetten Hammel und biß ihm das Genick durch. Jede andere Wildherde wäre im Nu geflüchtet, die Schafe aber blökten nur wie verrückt, drängten sich zitternd zusammen oder galoppierten planlos im Kreis.

Der Löwe hielt einen Augenblick verdutzt an, dann packte er seine Beute, sprang über den Zaun und verschwand im Gebüsch.

Im Schutze eines Dornstrauchs konnte er ungestört seine Mahlzeit genießen, doch kaum war sein ärgster Hunger gestillt, kehrte er zum Pferch zurück und holte ein zweites Schaf.

Diesmal trottete er mit der Beute im Maul durch den Busch davon. Die Farm lag am Fuße eines Berges, dorthin zog sich der Löwe zurück. Er kletterte über das Geröll aufwärts.

Ein Stern nach dem anderen erlosch, der Himmel wurde heller. In einer Felsspalte hatte sich Wasser angesammelt. Der Löwe trank, dann versteckte er das tote Schaf hinter einem Strauch. Bald ging die Sonne auf, und es wurde rasch heiß.

Der Löwe lag unter einem vorspringenden Felsen und döste vor sich hin. Er war satt und faul. Selbst eine Herde Antilopen hätte ihn jetzt nicht aus der Ruhe gebracht. Plötzlich aber hob er den Kopf, lauschte und witterte. Seine Schwanzspitze zuckte.

Ein Unbehagen trieb ihn dazu, das Lager zu verlassen. Er kletterte die Schlucht hinauf und blieb auf einer Felsplatte stehen. Im Tal folgten der Farmer und ein paar Schafhirten der Spur des Löwen. Ein schwarzweißgefleckter Hund lief hechelnd vor ihnen her. Der Löwe verharrte reglos.

Die Männer und der Hund erreichten den Fuß des Berges und stiegen vorsichtig in die Schlucht ein. Der Löwe schüttelte die Mähne, ein tiefes Grollen kam aus seiner Kehle. Er hatte keine Erfahrung mit Menschen oder Hunden, aber die Witterung störte ihn, er wandte sich um und trottete davon. Mühelos kletterte er über Felstrümmer, erreichte die Bergkuppe und suchte sich auf der anderen Seite des Berges einen Schlupfwinkel.

Nachts kehrte er zu seiner Beute zurück. Als er in die Schlucht kam, nahm er die gleiche Witterung wie am Morgen auf. Er zögerte, blieb unschlüssig stehen. Auf diesen Augenblick hatte der Farmer gewartet. Stundenlang war er, zwischen den Steinen versteckt, auf der Lauer gelegen.

Nun setzte er das Gewehr an, zielte und drückte ab. Im ungewissen Nachtlicht verfehlte er jedoch sein Ziel, und bevor er ein zweitesmal abdrücken konnte, war der Löwe verschwunden.

Von da an machten alle Farmer der Gegend Jagd auf den

Löwen. Jeder hatte den brennenden Wunsch, ihn zu erlegen. Aber der Löwe lernte schnell, den Menschen aus dem Weg zu gehen. Er suchte immer neue Schlupfwinkel auf, niemals schleppte er ein Beutetier in dasselbe Versteck. Wie ein Schatten tauchte er einmal hier und einmal dort auf.

Unermüdlich versuchten die Farmer, den Löwen einzukreisen. Ihre Jagdlust hatte sich in Haß verwandelt. Eines Tages, davon waren sie überzeugt, würden sie ihn zur Strecke bringen.

Als das staatliche Forstamt die Wildhüter Ben und Asaf in ihr Gebiet schickte, verstärkten die Farmer ihren Einsatz. Sie wollten den Wildhütern zuvorkommen, denn Asaf und Ben wollten den Löwen nicht töten, sie hatten den Auftrag, sein Leben zu schützen. In ihrem Landrover führten sie ein Narkosegewehr mit sich. Damit sollten sie den Löwen betäuben und ihn in die Schutzzone zurückbringen, in jenen öden Landstrich, wo die wilden Tiere noch ungestört leben durften.

Ben und Asaf durchstreiften das Land, fuhren in der glühenden Hitze durch den Busch und kletterten stundenlang in den Felsen herum. Sie fanden Spuren des Löwen und Reste seiner Mahlzeiten, ihn selbst bekamen sie nie zu Gesicht.

Eines Nachts lagerten die beiden in den Vorbergen in der Nähe eines kleinen Wasserlochs. Sie waren todmüde und erschöpft und wachten nicht auf, als der Löwe in der Morgendämmerung auf weichen Pfoten näherkam.

Es war das Wasserloch, das ihn anlockte. Vorsichtig umkreiste er das Lager. Alles blieb ruhig, die Schläfer bewegten sich nicht. Da trottete der Löwe zum Wasserloch und stillte seinen Durst.

Am Morgen, als Ben ziemlich verschlafen zum Wasserloch ging, sah er im Sand den Pfotenabdruck des Löwen. Die Spur war ganz frisch, sie konnte höchstens zwei Stunden alt sein. Ben wollte eben niederknien und die Spur untersuchen, da ließ ihn ein Schrei zusammenfahren. Er wandte sich um. Oben auf einer Felskuppe stand Asaf, winkte und rief. Und Ben stieg rasch zu ihm hinauf.

Von der Felskuppe sah man weit in das Land hinein. Der Horizont war noch vom Morgendunst verschleiert, alle Farben waren zartblau und violett.

„Da ist er!“ sagte Asaf.

Nun sah auch Ben den Löwen.

Ohne anzuhalten, als wüßte er genau den Weg, lief der Löwe in das Gebiet zurück, aus dem er gekommen war. Ein paar Schüsse knallten hinter ihm her, doch kein Farmer traf ihn.

Der Löwe wurde kleiner und kleiner. Wie ein Punkt bewegte er sich weiter fort. Ben und Asaf blickten ihm schweigend nach, bis er im morgendlichen Dunst verschwand.

Der Zitronenfalter

Die Wiese war bunt getupft mit Blumen. Rote Steinnelken und gelber Hahnenfuß. Lila Glockenblumen und weiße Margeriten.

,,Ein Schmetterling!" rief Marianne. ,,Und noch einer! Lauter Schmetterlinge!"

Sie lief hinterher und wollte einen fangen. Einen kleinen Bläuling oder einen Zitronenfalter oder ein Pfauenauge.

,,Laß das!" mahnte der Vater. ,,Man darf sie nicht anfassen, sonst gehen sie kaputt. Wenn du den Staub von den Flügeln wischst, dann können sie nicht mehr fliegen."

,,Einen einzigen nur", bettelte Marianne. ,,Ich bin ganz vorsichtig."

Sie lief weiter in die Wiese hinein, den Schmetterlingen nach. Ein Pfauenauge schaukelte vorüber und setzte sich auf eine Margerite.

,,Sitz still!" sagte Marianne. ,,Ich tu dir nichts. Ich will dich nur einen Augenblick lang in der Hand halten."

Das Pfauenauge faltete die Flügel auf. Marianne griff nach ihm. Sie war nicht schnell genug. Das Pfauenauge flog fort.

Auf der Margerite ließ sich ein Zitronenfalter nieder.

,,Dann nehme ich dich!" sagte Marianne.

Der Zitronenfalter klappte die gelben Flügel zusammen. Es sah aus, als hätte er nur einen.

Sie streckte die Hand aus und packte diesen einen Flügel zwischen Zeigefinger und Daumen. Der Schmetterling krümmte sich. Die sechs feinen Beinchen ruderten in der Luft.

Marianne setzte ihn in ihre rechte hohle Hand und wölbte die linke Hand darüber. „Jetzt hab ich dich!" Sie fühlte ihn krabbeln und kitzeln und mit den Flügeln schlagen.

Sie öffnete das Gefängnis. Der Zitronenfalter saß schief auf ihrer Hand. Er saß ganz still, nur seine Fühler zitterten schwach.

„Flieg!" sagte sie. „Flieg doch!"

Sie warf ihn in die Luft. Er breitete die Flügel aus und torkelte im Zickzack herunter. Sie spürte einen Klumpen in der Brust.

Der Zitronenfalter lag zwischen den Gräsern. Er zuckte ein wenig, und dann rührte er sich nicht mehr.

„Bist du tot?"

Als sie ihn aufheben wollte, sah sie, daß ihre Finger gelb waren vom Staub der Schmetterlingsflügel. Sie rannte dem Vater nach und an ihm vorbei, so schnell sie konnte. Sie versuchte, sich den Kummerklumpen aus der Brust zu rennen.

Fräulein Pankratius

Wie jedes Jahr im Frühling ging es in der Siedlung recht lebhaft zu. Die Kinder spielten im Freien. In den Sandkisten wurden Kuchen gebacken und Burgen gebaut. Dreiräder und Roller sausten über die Asphaltwege. Es wurde gelacht, gerauft und geschrien, und dazu plärrten Radios aus den offenen Fenstern.

Um diese Zeit waren auch die Amseln wie verrückt. Sie sangen nicht mehr so eifrig um die Wette wie in den Wochen vorher.

Jetzt verteidigten sie laut zeternd ihre Brutplätze und waren dauernd auf der Suche nach Futter. Mit vollen Schnäbeln verschwanden sie in Stauden und Büschen und flogen gleich wieder fort, um Regenwürmer und Insekten einzusammeln.

Die Freundinnen Hermine und Lotte hatten die Vogelnester beim Versteckspielen entdeckt. Am liebsten wären sie jeden Tag in das Gebüsch gekrochen, um die Vogelkinder zu beobachten, aber dann ließen sie es doch bleiben. Hermines Papa hatte ihnen geraten, die Alten nicht beim Füttern zu stören.

Einmal, als die Mädchen aus der Schule kamen, brach plötzlich ein Gewitter los. Weiße Blitze fuhren über den

Himmel, und es krachte. Hermine und Lotte drückten sich an eine Hauswand, wo das Dach weit vorsprang. Zu ihren Füßen prasselte der Regen nieder, daß die Tropfen nur so hüpften. Doch ebenso schnell, wie es gekommen war, ging das Gewitter wieder vorbei.

Auf dem Weg zur Siedlung fiel Hermine das Grünfutter für die Meerschweinchen ein. Entlang der alten Fabriksmauer wuchsen genug Gras und Löwenzahn, und Hermine stopfte einen Plastiksack damit voll.

„Mir scheint, ihr habt eine Kuh daheim", meinte Lotte lachend.

Unter einem kleinen Baum, der schräg aus der verfallenen Mauer herauswuchs, stand ein Kleeblatt neben dem anderen.

„Vielleicht finden wir einen vierblättrigen", sagte Lotte und hockte sich im pitschnassen Klee nieder.

Auf einmal winkte sie Hermine und deutete stumm auf den Boden.

„Hast du einen vierblättrigen?" fragte Hermine und kam, den Plastiksack schwingend, herbeigehüpft.

Lotte hatte etwas anderes entdeckt. Eine junge, mit nassem Flaum bedeckte Amsel, die hilflos auf dem Rücken lag.

„Die hat der Sturm aus dem Nest geschleudert", sagte Lotte bekümmert.

Auf dem kleinen Baum aber war kein Nest zu sehen. Und auf einen Ast konnten sie den kleinen Vogel nicht setzen.

„Dann nehmen wir ihn eben mit", sagte Hermine. „Wenn er hier liegenbleibt, muß er sterben." Sie nahm die Amsel, die ängstlich piepste, vorsichtig zwischen die Hände.

Lotte mußte jetzt zwei Schultaschen schleppen. Sie tat es gern.

Daheim polsterte Hermine eine Schachtel mit Leinenflecken aus und bettete den Vogel hinein, und gleich nach dem Mittagessen gingen die Mädchen mit einer alten Blechdose auf die Suche nach Regenwürmern. Sie hatten es leicht, weil nach dem Regen die Würmer überall herumkrochen.

„Eigentlich graust mir vor ihnen", sagte Lotte. Sie hob die Würmer mit einem Hölzchen auf.

Hermine nahm sie mit den Fingern. Sie versuchte auch, den Vogel mit bloßen Fingern zu atzen, bis ihr die Mama den Rat gab, eine Pinzette zu verwenden.

Jetzt erst riß der kleine Vogel den Schnabel auf und begann gierig zu würgen.

Am Anfang war es für Hermine ein großes Vergnügen, Vogelmutter zu spielen.

Am dritten Tag waren die Mädchen wieder auf Regenwurmsuche. Sie mußten schwere Steine hochheben, weil sie auf den Wegen und Wiesen keine Würmer mehr fanden. Da ließ ihr Eifer nach. Sie kamen mit wenig Beute zurück, und dabei fraß die Amsel von Tag zu Tag mehr.

„Seit das Fräulein Amsel bei uns wohnt, machst du aber sehr schlampige Aufgaben", sagte Hermines Mama.

„Wieso *Fräulein* Amsel?" Hermine schaute in ihren Taschenkalender. „Wir haben sie am zwölften Mai gefunden, also heißt sie Pankratius. Außerdem hab' ich eine Idee! Die Kinder aus der Siedlung sollen Lotte und mir beim Regenwurmsuchen helfen!"

So kam es dazu, daß am Gartenzaun eine Dose befestigt wurde, auf der zu lesen war: BITTE UM MILDE GABEN FÜR FRÄULEIN PANKRATIUS.

Unter den Kindern sprach sich rasch herum, welche Gaben gemeint waren, und es wurden viele Regenwürmer geliefert. Ein paar alte Frauen verstanden die Aufforderung falsch und warfen Schillinge hinein.

„Auch gut", sagte Lotte zu ihrer Freundin, „davon kannst du Vogelbiskuit kaufen. Und Mehlwürmer, wenn niemand mehr einen Regenwurm findet."

Fräulein Pankratius war nicht mehr zerzaust und erbärmlich anzusehen, sondern saß wohlgenährt im Nest und sperrte dauernd den Schnabel auf.

„Sie bekommt schon richtige Federn", schwärmte Hermine, „und manchmal geht sie schon in der Schachtel spazieren!"

Eines Tages unternahm Fräulein Pankratius den ersten Sprung auf den Schachtelrand und schaute sich neugierig im Zimmer um. Und kaum eine Woche später flog sie schräg vom Tisch auf den Boden hinunter.

„Sie wird uns bald verlassen", sagte der Papa.

„Wirklich?" Hermine wurde ganz traurig. „Schau, ihr geht es doch gut bei uns!"

„Eine Amsel sperrt man nicht ein", sagte die Mama. „Sie ist kein Wellensittich. Ihr habt ihr das Leben gerettet, nun müßt ihr dem Fräulein Pankratius auch die Freiheit schenken."

Die Amsel blieb noch ein paar Tage, aber in die Schachtel ging sie nicht mehr zurück.

Einmal, als sie gegen die Fensterscheibe prallte und wie betäubt auf den Boden fiel, sagte Hermine: „Jetzt versteh' ich, daß ich sie nicht behalten kann."

Am Wochenende, Lotte und die anderen Kinder waren gekommen, wurde die Amsel freigelassen. Es war wie ein Fest. Die Kinder tranken Limonade und verschlangen einen Berg Bäckereien, Fräulein Pankratius verzehrte drei kleine Regenwürmer und nahm in der Wasserschüssel ein Fußbad. Dann trug Hermine die Amsel auf der flachen Hand vor die Haustür.

„Flieg, Pankratius, flieg...", sagte sie leise und zärtlich.

Die Amsel schien nicht recht zu wollen. Sie blieb lange auf Hermines Hand sitzen und ließ ganz gemütlich ein Patzerl darauf fallen. Ganz plötzlich aber breitete sie die Flügel aus und flog in die weite Luft davon.

Manchmal, wenn in der Siedlung eine Amsel besonders laut und lustig pfeift, meinen die Mädchen heute noch, das könne nur ihre Amsel sein. Unser Fräulein Pankratius, denken sie voll Freude.

Und vielleicht ist sie es wirklich. Es könnte ja sein, daß aus dem Fräulein Pankratius ein stattlicher schwarzer Amselhahn geworden ist.

Für gewöhnlich sollen Jungvögel nicht berührt oder gar heimgetragen werden. Die Vogeleltern folgen den Lockrufen der Kinder und füttern sie auch außerhalb des Nestes weiter. Nur in besonderen Fällen ist es notwendig, die Vogeleltern zu ersetzen.

In der alten Scheune neben dem Bauernhaus wohnten siebenundzwanzig Fledermäuse. Jeden Abend, wenn die Sonne hinter dem Berg verschwunden war, begannen die Fledermäuse in der Giebelwand zu krabbeln und zu piepsen. Dann rutschte eine nach der anderen zwischen den Schindeln hervor und flatterte lautlos in die Dämmerung.

Michel und seine Großmutter setzten sich manchmal vor der Scheune nieder und zählten die Fledermäuse, die wie Schatten über ihre Köpfe hinweghuschten.

Die Großmutter war ein bißchen abergläubisch. Sie meinte, daß Fledermäuse Glück ins Haus bringen.

Michel war es gleichgültig, warum die Großmutter an den Fledermäusen ihre Freude hatte. Die Hauptsache war doch, daß sie abends gern mit ihm hinausging, um auf den Abflug der Fledermäuse zu warten.

Michels ältere Schwestern blieben lieber im Haus. Sie fürchteten, die Fledermäuse könnten in ihren Haaren hängenbleiben oder ihnen mitten ins Gesicht klatschen.

„Es sind unheimliche, grausliche Viecher“, sagte Adele.

Und Hedwig schüttelte sich vor Abscheu und sagte: „Ohne Kopftuch geh' ich überhaupt nicht mehr in die Scheune. Wer weiß, vielleicht fällt einmal eine auf mich herunter.“

Eines Abends, nachdem es fast eine Woche lang geregnet hatte, fand Michel eine junge Fledermaus auf dem Heuwagen. Ihr seidiger Pelz war völlig durchnäßt. Die Flügel waren gefaltet und lagen eng an ihrem kleinen schwarzen Körper.

Michel trug sie in der hohlen Hand zur Großmutter in die Küche. „Sie hat den Kopf bewegt“, flüsterte er. „Ganz tot ist sie nicht.“

„Warte“, sagte die Großmutter und gab einen Tropfen Milch auf Michels Hand. Da öffnete die Fledermaus ihr Mäulchen und schlürfte den Milchtropfen gierig in sich hinein.

„Sie ist noch ein Kind, das von der Alten gesäugt wird“, stellte die Großmutter fest. „Fürs erste ist ein Tropfen genug. Jetzt setz dich in die Stube und wärm sie ordentlich auf.“

Michel hockte sich in den Ofenwinkel. Er hielt die Fledermaus in der linken Hand und legte die rechte vorsichtig darüber. Niemand sollte die Fledermaus sehen. Niemand sollte sie stören.

Nach einer Weile spürte er eine Bewegung in seiner Hand. Ein leises Kribbeln. Michel saß da und war glücklich.

Drüben, um den großen Tisch, versammelte sich die Familie.

,,Warum versteckst du dich denn in der Ecke?" fragte der Vater.

,,Komm her, Michel", sagte die Mutter.

,,Mir scheint, du hast etwas angestellt", sagte Hedwig.

,,Immer, wenn du so still bist, hast du ein schlechtes Gewissen", fügte Adele hinzu.

,,Laßt den Buben in Ruh", sagte die Großmutter energisch. ,,Er ist müd, sonst gar nichts."

Michel lächelte ihr heimlich zu. Und die Großmutter lächelte zurück. Ich glaube auch, daß sie weiterlebt, hieß dieses Lächeln.

Elli hat auf der Wiese einen Frosch gefangen und daheim in ein Glas gesperrt.

,,Laß ihn bald wieder frei'', sagt die Mutter. ,,Ein Frosch ist kein Haustier.''

,,Ich will ihn aber behalten'', antwortet Elli und geht auf Fliegenjagd.

Um drei Uhr erwischt sie eine Fliege auf dem Balkon. Um vier Uhr fängt sie eine Fliege im Wohnzimmer. Um fünf Uhr entdeckt sie eine Fliege auf dem Küchentisch. Als sie die dritte Fliege fangen will, stößt sie ein Glas mit Kirschenkompott um. Die dritte Fliege setzt sich ganz oben auf den Küchenkasten. Elli klettert auf ein Stockerl, doch das Stockerl wackelt, und Elli purzelt auf den Fußboden.

,,Hast du dir weh getan?'' fragt die Mutter erschrocken.

,,Nein'', sagt Elli, ,,aber heute bekommen wir leider kein Kirschenkompott.''

Dann holt sie den Frosch aus dem Kinderzimmer und trägt ihn schnell wieder auf die Wiese zurück.

Keine Tiergeschichte

Familie Grollmeier wanderte fröhlich durch den Wald. Ein Wochenende ohne Lärm und Auspuffgase lag vor ihnen. Das Wetter mußte, wenn die Vorhersage stimmte, auch morgen schön und trocken bleiben.

Am späten Nachmittag schlug der Vater auf einer kleinen Lichtung die beiden Zelte auf. Theo und Karl halfen ihm dabei. Die Mutter und Irene durchstreiften die Umgebung, um Reisig und abgebrochene Äste zu sammeln.

Am Abend löffelten sie vergnügt die Erbsensuppe, die sie in einem Kessel über dem Lagerfeuer gekocht hatten.

Spät in der Nacht krochen sie in ihre Schlafsäcke, aber kaum blinzelte die Sonne durch die Zweige, waren sie schon wieder auf den Beinen.

Der Vater und die Buben brachen die Zelte ab, die Mutter legte dürre Zweige und eine große Wurzel ins Feuer. Irene brachte Wasser in einem Plastiksack von der nahen Quelle. Nachdem sie heißen Tee getrunken und die Rucksäcke gepackt hatten, schütteten sie das restliche Wasser auf die Feuerstelle und marschierten los.

Sie wollten den Gipfel des Haberlberges erreichen, bevor die Sonne am höchsten stand. Hinter ihnen, auf der kleinen Waldlichtung, blieben Zitronenschalen, ein paar Fetzen

Papier und ein zerbrochener Trinkbecher zurück. Und außerdem eine schlecht gelöschte Feuerstelle mit einem dicken Glutnest.

Ein leichter Wind kam auf und fachte das Feuer an. Die morsche Wurzel begann lichterloh zu brennen, kleine Flammen züngelten flach am Boden weiter und fraßen sich in das Reisig, das übriggeblieben war.

Mit einem Luftwirbel erhoben sich Funken, ein dürres Fichtenbäumchen am Rand der Lichtung wurde zur Fackel, von der herabhängende Äste das Feuer übernahmen.

Im trockenen Gehölz breitete sich der Brand ungeheuer schnell aus. Rehe und Hasen brachen in Panik durch das Dickicht, Jungvögel, Waldbienen, Eidechsen, Schnecken und Käfer gingen hilflos im Feuer zugrunde, in weitem Umkreis blieben kein Tier und keine Pflanze verschont.

Familie Grollmeier ahnte nichts davon. Sie wanderten fröhlich weiter, ihrem nächsten Ziel entgegen.